AF349385

RESISTENCIA POR ESTÉTICA

Seguido de 13 ecopoemas de Amin Gaver

Heladio Horta

Título: RESISTENCIA POR ESTÉTICA
Autor: HELADIO HORTA

primera edición: 7 i Mig de poesía, 1998, Valencia
primera reedición: Wanceulen Editorial, 2022, Sevilla

Fotografía de portada: MANUEL PÉREZ MORALES

Editorial: WANCEULEN EDITORIAL
Sello Editorial: WANCEULEN POÉTICA

ISBN Papel: 978-84-19388-50-6
ISBN Ebook: 978-84-19388-51-3
DEPÓSITO LEGAL: SE 1304-2022

Impreso en España. 2022

WANCEULEN S.L.   - 41006 Sevilla
Webs: www.wanceuleneditorial.com y www.wanceulen.com
Email: info@wanceuleneditorial.com

PALABRAS PARA ACOMPAÑAR UN LIBRO DE HELADIO HORTA

La primera noticia de Eladio Orta fue un librito de poemas que en septiembre de 1994 me llegó al apartado de correos de *mientras tanto*, revista rojiverdevioleta en la que participo. *Encuentro en H* supuso para mí un encuentro real, de los que desequilibran certidumbres y corrompen seguridades, de los que te obligan a mirar ya para siempre a la H de otra forma. Del vigor expresivo del autor de poemas como COMPONENTES DEL EQUIPO OLÍMPICO DE HIDROFOBIA o EL PEDO DE LAS HORMIGAS HA CORROMPIDO EL HORMIGUERO no cabía duda alguna, pero tuve que leer dos veces el libro para estar seguro de que aquellas cosas nunca dichas antes en castellano eran poemas de gran estatura. Un poeta que recurre a la H en los momentos difíciles me había nombrado Rihechmann. Es un honor.

Unos meses después llegaron *Los Cuadernos del Tío Prudencio*, memorias sagrada y profana de las gentes de Isla Canela, apuntes para la defensa de lo que merece ser defendido. En carta adjunta el autor desvelaba tres de sus esquizofrenias literarias.

Eladio Orta: juega dentro de los límites de la poesía convencional
eladio orta: juega en la frontera de la poesía/anti-poesía
HELADIO HORTA: juega fuera de los límites

Eladio Orta ha escrito *Los cuadernos del Tío Prudencio* (Colección "Línea Inclinada" de Ed. Crecida, Ayamonte, 1992, eladio orta ha escrito *en tránsito* (Ediciones 1900, Huelva, 1994, HELADIO HORTA ha escrito *Encuentro en H* (Ed. Krnos, Sevilla, 1994) y *Resistencia por estética*. Si tengo que quedarme con uno de los tres poetas, me quedo con los tres.

Es un tripoeta/poeta/antipoeta con mundo lingüístico propio. El Guadiana desemboca en Orta. Andalucía y Portugal matrimonian en Orta, Perros y lagartos pasean por el retamar de

Orta. Leer sus poemas es asomarse a un lugar que no podíamos imaginar que existiera, pero cuya existencia se percibe de inmediato como necesaria. Este lugar es sal, sexo, revolución, ganado, arena, mierda, ecología, canción y estrella. Yo me siento mejor desde que sé que hay un lugar así entre Huelva y el Algarve.

Hay dos versiones posibles de su final. O bien los crecidos océanos de un planeta indigestado de carbono atmosférico sepultarán Isla Canela, y nuestro hombre se encerrará en casa diciendo que prefiere la dignidad de ese cementerio marino. O bien Orta/Horta atravesará la breve era del chalé adosado y la telefonía móvil sin realizar ni una sola genuflexión, y en su avanzada edad caminará como sabio patriarca rijoso por playas más limpias, descalzo de mezquindad y celebrado por sus iguales.

De esta voz inconfundible, insurrecta y necesaria no puede prescindir la sociedad literaria española de finales del siglo XX.

Eladio Orta nació en su isla en 1957, estudio Trabajo Social en Huelva, vive en Isla Canela, pertenece al grupo literario Crecida de Ayamonte y es poeta. Los no onubenses no tardaremos en enterarnos.

Jorge Riechmann, 1998

COMO CODA

La apuesta de Amin Gaver, el heterónimo de esos cuantos Ortas, consiste en crear poesía con las zonas más abyectas del lenguaje y con los sentimientos más vulgares. Es posible que para transitar sus versos tengamos que cogernos el borde del vestido y después lavarnos las manos. Sobre todo porque para leer poesía solemos seguir poniéndonos, las señoras de largo, los caballeros de etiqueta. Para estos versos, como para vivir, más vale llevar ropa de faena. Como Orta, hay otros poetas ahora en España que tratan de encarnar en sus versos lo más prosaico de la vida, poetas que utilizan un lenguaje cuidadosamente antilírico y gozan de un saludable humor negro. Amin Gaver está unas cuantas leguas de descaro por delante. Pero lo que le diferencia del todo es que Orta no trata de componer un gesto para sí. Es la mejor prueba de que el camino de la antipoesía no acababa en la prosa, sino en el envés el género, en su cruz.

El suyo es un caso de bipolaridad estética que en el ámbito del crimen podría haber dado lugar al extraño caso del Doctor Kekyll y Mister Hyde. Ya ha hablado Jorge de los diversos poetas que se han dado cita en un solo cuerpo. Son muchos los trozos en que a uno puede partírsele la personalidad, la razón o la lírica. Orta consigue mediante subterfugios mostrarnos varios: al menos su haz y su envés, su rostro presentable y el otro, el que solo conocen los espejos a oscuras. Pero, francamente, en la poesía la sinceridad no me parece un valor a tener en cuenta. No creo, pues, que debamos apreciar tanto lo descarnado de estos versos cuando su humor, su capacidad de atreverse a crear belleza con lo menos indicado, su absoluta falta de concesiones al buen gusto. Y aún así, ternura, y aún así, verdades compartidas, y aún así, la imagen de una vida posible, más salvaje, más libre y políticamente incorrecta.

José María Parreño, 1998.

RESISTENCIA POR ESTÉTICA

aviso telegráfico

pongo en aviso
mis pretensiones son claras
mi estética de la resistencia anula
las proclamas a favor del ocultismo engañoso
no se engañe
este libro ha desechado
los prefijos

el teléfono incomunica los jueves
los viernes los sábados y los domingos por descanso
los miércoles martes y lunes por ausencia

no espere que este libro de poemas
le transporte el ánimo desde cabo cañaveral
a martes o la luna o al universo estelar
se equivoca si busca relax entre sus páginas
busque relax en otra parte por favor

en este libro busque marcha desorden insulto y
si encuentra diversión negra
ríase
porque la mayoría de las veces los payasos
están disfrazados de santones
        de santones de iglesia
        de santones de parlamentos
        de santones de las letras
los santones abundan como la mala yerba
        o como los políticos de escaparate
        o como los intelectuales orgánicos
        o como los narcodólares

o como la poesía gasolina
o como la producción positiva
o como el papel higiénico de diamante
o como los árboles degollados por navidad

las estrellas queridísima lectora
se están lavando los pies en los charcos
con que no esperes que conviva
en las faldas de los parásitos del poder
ni que me muerda la boca
cuando deba dispararla
el verso negro sucio maleante
huele a rosa elegante en su rosal

he avisado 2 veces
la 3 es la definitiva
la puerta está abierta
de lo contrario
practicante activo del masoquismo...

estética de la resistencia

dos estética
  estética (dos)
resistencia a tantas lenguas lamiendo el rabo del perro
        a tantas espumas de jabón en los lavabos
        a tantas frivolidades vacuas
        a tantos ceros positivos en el aroma de las sábanas
        a tantas generaciones dormidas en la penumbra de
                              / los 30 y pico
        a tantos devaneos de papeles matrimoniales
        a tantos árboles degollados en la intemperie de lo
                              / oculto
las telarañas se multiplican en el olvido
de las heridas abiertas
mis pies huelen a perfume de coño
a alivio de distancia

por estética
resistencia

H oteiza

que usted muera insultando
a tantos chillidas sueltos

que usted desista de morir
como su tía joakina
de la enfermedad del aburrimiento

EDITORIAL WANCEULEN

la H es más abierta que la U

la H es más joven que la O
                       la O es
                       un ciclo cerrado ? ?

la H tiene otras posibilidades

la H es más abierta que la U

la H tiene otras posibilidades
  es dimensional
      pasional
      induce al infinito
      rebusca en los orificios profundos
      de la mentira

es de dudoso significado
    trastorna al mirarla
    por ejemplo: (   )
    perdón: el ejemplo ha volado del papel

la H cuatro pinchos antipoéticos
      cuatro insultos afrodisíacos
      cuatro escupitajos en la cara
      cuatro esquizofrenias sentadas en la misma silla
      cuatro vientos enfrentados en el epicentro de la
                           / tempestad

la H es la clave (esperemos)
    de tiempos menos insulsos

la H cuando juega

      juega hasta las últimas consecuencias
      y le da igual hacer el ridículo
      y le da igual hacer el ridículo
      y le da igual hacer el ridículo

3 veces le da igual hacer el ridículo
la 4 vez se convierte en H

TANTA ESTÉTICA ARTIFICIAL

TANTA ESTÉTICA ARTIFICIAL
TANTOS PIES PLANOS TANTAS
MIRADAS POSTIZAS TANTAS A
MABILIDADES SOLAPADAS ME
AislaN

(DUDO QUE ME GUSTE ESCRI
BIR) LA ESCRITURA ME   DEF
IENDE DEL SUICIDIO   PREMA
TURO

LA POESÍA ES UNA ENFERMED
AD INCURABLE UN REMEDIO B
ARATO PARA TAPAR LAS AVER
ÍAS MENTALES

4 insultos

$$
\begin{array}{r}
3 \text{ insultos en } 1 \\
\text{insultos en } 1 \\
\text{en } 1 \\
1 \ + \\
\hline
4 \text{ insultos}
\end{array}
$$

trama

                                t
                            tr
                        tra
                    tram
    trama un laberinto de ridículum
    perforando el doble fondo
            de la trama
                        tra
                            tr
                                t

bicho encerrado en un cajón

p1.   hay un bicho encerrado
       en lo profundo de tu sexo
       que hierve ahí dentro
       que te saca de tus casillas
       que te calienta la hoguera

       hay un bicho ahí dentro
       que se siente solo

p2.   encerrado en un cajón
       escribo poemas sin aire
       sin agua
       sin orines
       sin excrementos
       sin muslos devoradores

       veo la vida encerrado en un cajón
       miro la vida encerrado en un cajón
                         en un cajón oscuro
       pasan los días como mariposas disecadas
       en los escaparates de la política institucional

p3   en un cajón hay un bicho
       que se traba la lengua viperina
       cuando calla

triángulo equilátero

p1.   dentro del triángulo equilátero
de madera de trama

escultura ideada
aún no trabajada

hay una escupidera de nácar
con los bordes desconchados
por tantas borracheras de meados
por tantos despropósitos de vómitos
    por tantos sentimientos ahogados en el humo de
        / la marihuana

p2.   dentro de la escupidera de nácar
los límites huelen a meado

suicidio de la palabra

1 minuto de silencio
por tantos picotazos de decibelios
programados para romper los tímpanos

papel higiénico de diamante

al poeta de inspiración divina
retrete de plata y oro
papel higiénico de diamante

des-amor

tiraré tu clítoris al cubo de la basura
para que se lo coman los perros
        o las ratas
        o las lombrices zapaleras
        o los enjutos
tiéndete con esa cosa que te separa de mí
olvídate
olvido yo

instante galáctico

las ranas cantaban en los desagües del jardín
tú y yo éramos la misma cosa
el mismo sabor a yerbajo en la boca
el mismo lametazo audaz en los ojos

lapsus

sobar tus pezones al alba
como higos maduros
antes de que los pájaros
decidan picotearlos

EDITORIAL WANCEULEN

TERAPIA

ABIERTA

es un decir QUE ESE POLÍTICO NO HA HECHO NADA
y yo os digo QUE YA ES DE AGRADECER
pues os he dejado los nombres
de los que lo han jodido todo

jorge oteiza

terapia abierta

t

e

r

a

p

I

a

abierta

menos mal que nos queda la poesía
               antipoesía
menos mal que soy asiduo consumid
      or de poemas terapéutic
      os

menos mal que a los folladores de
      cabras y a los capadore
      s de zonas húmedas y a
      los traficantes de sueñ
      os (los han puesto en c
      uarentena)

menos mal que la maldición se cum
      ple y los asesinos de l
      a isla mueren afrodisia
      dos por la picada de un
      mosquito ecologista (la
      única objeción: es que

no mueren tan aprisa co
mo desearíamos)

menos mal que una noche de estas
tontas tuve un accident
e sexual y salí ileso d
el picotazo

menos mal que no soy practicante
activo de la liga colec
cionista de amistades de
conveniencia

menos mal menos mal menos mal men
os mal el efecto dopple
r de la marihuana

la poesía es un arma brutal

la poesía es un ama brutal
                    sangrante

brota mitad orgasmo
        mitad excremento
            i es poco amiga de besuqueos
            i de excesivas caricias en los postres

quienes profesamos la poesía abiertamente
sin flores en los cumpleaños
mua mua en los aniversarios
recetas médicas en los prostíbulos

amamos las terapias abiertas
los deseos brutales de la palabra
los sobacos de elisa

porque la vida se nos escapa
en el vagón de las dudas
en los sueños de poeta malo

jodido dilema

estoy envuelto en un dilema de ideas
                    de amores inalcanzanzables
                    de identidades vacuas
                    de orines subterráneos
                    de jolgorios de sombras ciegas

estoy envuelto en un dilema de soledades
                    de ojos que se asoman
                      por las ventanas de los despachos
                    de los hombres-oficina
                    de gallinas sin anos
                      por donde desalojar el huevo

mi fe (solapada) artística y humana
escandalosamente artística y humana
adora la cagada de la vaca
incluido el vagido humoso
brotando del culo de la vaca
adora las membranas gelatinosas
de las patas de las salamanquesas
adora la insoportable presencia
de las asquerosas moscas verdes
adora la galáctica que envuelve
al vacío tácito de los océanos
adora la repugnante presencia
de las ratas de alcantarilla
adora el instinto brutal
que hay en ti

no adora a la mística literaria
del cielo protector y sus entornos

estoy envuelto en un dilema de insultos
y escupo huellas de cantos ocultos
sobre el dilema
para joderlo

poema analgésico

lo fácil que sería llegar a tu casa
toquetear tu puerta
y decirte estoy aquí
porque tengo necesidad de mirarte
y de que tú me mires
porque tengo necesidad de hablarte
y de que tú me hables
porque tengo necesidad de tocarte
y de que tú me toques

lo difícil es escribirte un poema
como analgésico puente de alivio de distancia

versos pudrideros de alcobas

estoy rodeado de nichos
atiborrados de libros de distintas especies
yo loco maleante deseoso de perforar
     cuadernos con las páginas en blanco
yo loco mayestático del silencio
     de las noches dadoras de fiebres lunáticas
yo loco puente de alivio de distancia
     tantas garzas andan sueltas por el espacio
     cósmico envolvente de mis neuras
yo loco vuelvo a casa y en su soledad autista
     el cuaderno de las páginas en blanco
     se abre entre mis manos
     para que repose sobre tu vientre
     la última masturbación poética
     antes de irme a la cama
yo loco solitario sin nadie
        sin nadie con quien compartir
        las locuras orgásmicas de los malditos
        versos pudridores de alcobas

yo loco lobo estepario
     cerca no tengo a nadie
     ni yo mismo me encuentro
     envuelto en el epicentro del laberinto
     aciago de la palabra escrita
        la palabra escrita me consume
        a fuego lento
        me derrite en el olvido

yo loco cansado de mí mismo
la noche es larga y
no espero a nadie
para olvidarme de la escritura

- 36 -

supón que te tengo kilómetros de ganas

supón que tu boca de yegua desbocada
    en los albores del sueño
    pronuncia mi nombre sin proponérselo
supón por un instante que pierdo la compostura
    y deslizo mis manos indecisas
    por la abertura de tus medias eróticas
    descosida a la altura del muslo izquierdo
supón que te beso en la boca en un descuido
    y que tu saliva no me rechaza
supón que tus ojos posados en las ramas de un árbol
    como serpiente perversa hipnotiza mi paladar
supón que en una de estas noches de desmadres globales
    al final ya cuando las claras del día
    sopesan sobre el cansancio de la memoria
    nos quedemos solos en la soledad autista
    de una calleja abierta en dos mitades
    por el derrame de tanta soledad
    desparramada por el asfalto
supón que te pido dormir en las cercanías de tu aliento
    y que tu callas y tus ojos turbios
    naufragan en la soledad tardía de mis silencios
supón que tu querencia y la mía sobrepasen
    el instante fugaz de escribir un poema
supón el atrevimiento

a bocados nos traga la noche

empecé a conocerla en medio de una laguna
encharcada de deseos hasta el pico
no le llegué a reconocer los pies
era la primera vez
que nos revolcábamos en el fango
y los pies son una de las partes sagradas
del cuerpo

tampoco llegué a abanicarle el clítoris
con mi boca peligro social
que anda suelta por las calles
                    – según ella –
le tacté las periferias de sus tetas
como si además de amante
fuera su médico de cabecera
y los tulipanes negros pezones
granos de uvas hinchados
                    inclinados al deseo
de los dioses del silencio
se soltaron indómitos de las amarras del sostén

ella estuvo a punto de atrapar mi tolia
entre los labios de sus boca
– pero eres tan serio y tan intelectual borde
que pienso que vas a reírte sobre mi ombligo –

hablamos
desnudamos nuestras miserias
desamarramos nuestras corazas

apretándonos las manos como si siempre
hubiésemos jugado al escondite
en los retamales de la isla

una loca manía
me consume
despacito
me enajena

quizás sufrí
un alucine al mirarte
un trastorno oculto
un llamarazo invisible
un estoy enganchado a tu piel

despacito al oído
eres una garza fea
ya estamos
dices enfurecida
no me recuerdes
los complejos de niñez

a bocados nos traga la noche
a bocados nos despierta el alba

i
sus piernas de garzas gris
con la moña blanca
atenazan mis muslos haciéndome daño
temiendo que me lleve el día

ojos de perdedor

mis ojos son los ojos de un perdedor
    ojos habitaciones vacíos eternos
     ojos aullidos tumbas sonoras
    ojos huecos soledad autista
     ojos que se pierden en el laberinto de tus ojos
                      tus ojos
        se pierden en el laberinto de mis ojos

tus ojos
mis ojos
      2 ojos distintos (4 ojos)
      2 canciones secretas (   )
tus ojos no son grandes
      no son bellos
           - dijiste -
pero tus ojos huelen a tierra al mirarlos
          a locura al tocarlos
          a sal al besarlos
          a soledad al hablarles

los ojos de un perdedor
la mayoría de las veces deambulan en tierra de nadie
la mayoría de la veces olvidan el perfume del abedul
la mayoría de la veces duermen en la soledad de habitaciones
                      / sombrías

otras veces se empapan de lluvia hasta el pico
otras veces dan piruetas en el aire olvidándose de sus señas
                      / de identidad

otras veces dejan los ojos clavados en los movimientos
/ planetarios
de un zigzagueante culo que calza unas minifaldas verdes
otras veces
yo diría la mayoría de las veces insultas con
esos malditos ojos de perdedor
de perdedor empeñados en vivir de pie
de pie
sin arrastrar el estómago
ante tantos políticos cabeza de chorlito
ante tantos energúmenos asesinos de la naturaleza
ante tantos trepadores inspirados en la doctrina
de sus democráticos aparatos políticos
ante tantos lugares sagrados marcados con una x
aniquiladora
por la gran mafia asesina
adoctrinada
bajo el fetal manto del progreso y la producción
positiva

si me hablas de producción negativa
puede que hablemos de poesía bicicleta
de poesía sin gasolina
pero te llega la corbata al agujero
ombligo vacío de ilusiones
para hablar de poesía bicicleta
de poesía sin gasolina

tú escribirás por hobby
o por necesidad de prestigio
o por decencia intelectual
quién sabe por qué carajo escribirás

quizás porque escondes la mano en el bolsillo

quizás porque mantengas relaciones sexuales con maría magdalena
quizás porque el negocio de las palabras micro capsuladas
                te ha dado la oportunidad de alternar con corbata

lo más seguro es que la colonia que uses
huela a licenciado en mediocridad

objetos personales

no cambio de vestuario por ética escultural
                      por reciclaje textil
este abrigo negro con el forro roído
por bocados de ratas institucionales
lleva camino de viajar 2 siglos

este bolso descolorido
hoy anticuado
ayer en auge entre progre-modernos
no es el mismo
aunque siempre será el mismo
que corría por delante de los grises
en los inciertos días de la transición política

   (anclado en la eterna juventud
   objetarán los psicoanalistas

estos calzoncillos de mi abuelo
                no tan blancos de espíritu como en su juventud
                es un digno estudio de las raíces antropológicas
                que alimenta el árbol genealógico varonil de
                de mi familia

alegación a la totalidad
debes dar un golpe de fuerza
                no tienes aspiraciones trepa-políticas
                si no cuidas tu vestuario actualizándolo
                si los ojos turbios de algunas mujeres
                te emboban los ojos

si la ética ideológica vive en tus ropas
debes dar un golpe de fuerza
antes de que te matriculen en el psiquiátrico ambulante

soy un perdedor
y disfruto jodiendo la producción positiva

elucubraciones en los límites de un paraje natural

1 línea risoria
separa dos mundos

1 línea imaginaria
visual esperpéntica dudosa
separa 2 mundos

puedo leer: paraje natural

cuadrado fúnebre
frivolidad vacío de alcoba
mentes de misereres políticos
congeladas en salmuera

el cartel anunciador está escrito en
                lenguaje avifauna
                o lenguaje animal hombruno cazador

las aves leen el peligro en el aire
        leen sus límites en sus plumas
        cuando sus plumas ensangrentadas
        dibujan laberintos de caminos
        en sus vuelos rasantes
        a prueba de baterías antiaéreas

pum pum
lenguaje escopeta
lenguaje límite distorsionador de silencio

en los límites de un paraje natural
se afianzan los interese oblicuos
los cheques en blanco
de la manada estéticamente guapa
de la guapura estética asesina
que con su lenguaje estético destructor
alimenta la producción positiva
pum pum
lenguaje proyectos turísticos
pum pum
esa dirección debía seguir la trayectoria
de los disparos del lenguaje animal hombruno cazador
lenguaje proyecto turístico
pum pum muerto
       degollado
       enterrado vivo
       rociado en la tumba con gasolina
       troceado en la tumba para ser engullido
       por los guaperas perrunos del poder

1 línea imaginaria
me perfora las tripas
lenguaje al límite del insomnio

arquitectura poética

la transexualidad de un río
en su desembocadura
las manos de los mediocres gobernantes
todo lo arruinan
todo lo transforman
en antinatura
son célebres expertos en el degollamiento
de imágenes (no) abstractas
sus platos favoritos son los combinados
de clubs náuticos y campos de golf
y de postre
apartamentos residenciales
en 1 línea de playa

catetos energúmenos corrompidos por la friolera
del dios falso de la producción positiva
producción positiva
producción positiva
producción positiva
maldita producción positiva que nos
arrastra al degollamiento del planeta
a la transexualidad
de los ríos en sus desembocaduras
a los plagios conceptuales
en la (alta) esfera de la intelectualidad
que nos arrastra abiertamente a la herida
poética
poética brutal y sangrante
sin plagios / sin indeseables

payasos bebiendo sangre de la marginalidad
sin coitos interruptus / sin intelectuales orgánicos
follándose camareras disfrazadas de sirenas
en 1 línea de playa
puto lenguaje pustmoderno mariposeando
entre los colmillos afilados de la ingeniería financiera

confesiones públicas

mi (?poética?) mira hacia dentro
        fuera elige frutos por capricho
siempre mira hacia dentro
egocéntrico pozo agujero de arena
mastica las obsesiones agujero
el bolígrafo instrumento intermediario
el cuaderno comparte conmigo el peso de las palabras
        comparte una vida inclinada
            una vida triste para el que mira desde
escaparate supuestamente divertido
        comparte una vida loca
y sin un porvenir manifiestamente decoroso
para la hija de una familia pobre
        comparte los secretos que nadie sospecha
y es el primero en pulsar mi estado de ánimo

mi (?poética?) es un cuaderno en blanco o
        un cuaderno atiborrado de caligrafía ilegible
        hacia dentro soledad egocéntrica
                ego
                ego
                  céntrica
                  confesiones públicas

mi cuerpo sufre dos vidas ($1 \times 1 = 1^2$)

lado izquierdo	lado derecho
timidez jazmín dudoso	jazmín florecido oloroso
de florecer inaccesible	cerebral efusivo risueño
sarcástico	medioamable

<table>
<tr><td>izquierdo</td><td>derecho</td></tr>
<tr><td>oído: dolor excremento</td><td>oído: perfecto</td></tr>
<tr><td></td><td></td></tr>
<tr><td>ojo: 4 dioptrías</td><td>ojo: perfecto</td></tr>
<tr><td>espalda: dolores estacionales</td><td>espalda : perfecta</td></tr>
<tr><td>boca: puente postizo</td><td>boca: perfecta</td></tr>
<tr><td>nariz: hemorragia estacionales</td><td>nariz: perfecta</td></tr>
<tr><td>corazón: observación médica</td><td>corazón: no tiene</td></tr>
</table>

¿con qué mano desangra tu existencia
en un cuaderno a través
de un bolígrafo instrumento intermediario?

la mano derecha escribe lo que le transfiere la izquierda
en el naufragio de una mano a otra se ahoga un 1/4
de imprevistos

vaya vida la tuya
microcapsulada entre cuadernos sombríos

de todas formas nos van a llevar

a Jesús Fernández

la infancia revoltijo de sueños que pende de un hilo
de un hilo
que juega al mus en mesa de nadie
pero su afición al peligro
desbarata el afán de brotar de la tierra
enigmático salvaje misterio de la santísima trinidad
espárrago elegante y señorial

todos los hilos llevan a la infancia
a las largas siestas del verano a la sombra
de la acacia sensual del huerto
al brutal despertar de los instintos carnales
al brutal e inocente despertar de los instintos carnales
al brutal e inocente e irrepetible despertar de los instintos carnales

yo escribo poemas
yo también escribo poemas
noche de primeros despertares tardíos undergrounds
pub limbo madrugada tardía escandalosa y
a través del tiempo bella o la máquina del tiempo
la embellece con suspiros sentimentales
con señas imborrables del pasado
esa noche guardabas en el bolsillo de tu chaqueta oscura
gotas de lluvia para una paloma mensajera
experta en perder mensajes a deshora

todos los mensajes se perdían
                              en el río anadiagua
provocador indomable erecto en su penetración oceánica
(los atropellos políticos provocan cambios
en la transexualidad de los ríos en su desembocadura)
recuerdo que hiciste amago de remojarte en el río
pero las gotas de lluvia en el bolsillo de la chaqueta
o la paloma mensajera experta en descifrar
elucubraciones mentales
pusieron montañas de soledad por medio

dejarse llevar por el jugueteo de una gata negra
                              en el jardín
dejarse llevar por el aroma de la sombra de los almendros
                              a la caída de la tarde
dejarse llevar por el sabor agrio
                              del tallo de la vinagreta
dejarse llevar a ninguna parte al último suspiro
                              de los erizos en los colmillos
                              de los perros ericeros
dejarse llevar porque de todas formas nos van a llevar

a ti y a mí a los dos
a pesar de que somos el ala opuesta
de un sombrero de paja
a pesar de tus bajadas de ánimo
y de mi brusquedad antológica

debe de haber una torre de arena de retama
que maneje los hilos poéticos de nuestros sueños

no hagas caso estoy un tanto sentimental

memorias mágicas de la resistencia

aquí desde el tercemundismo
desde
la negación absoluta a la conglomeración de
lo humano y lo d
ivino especialmente – lad
rillos y cemento

más cerca del burro y de la cabra
que del automóvil y la lata de conserva

más cerca de la patera del tío enrique rutina
que de los viajes a la luna

más cerca de la inmensidad cáustica de las marismas
que de los sospechosos as
censores

más cerca del silbido del mirlo en el retamar
que de tu voz inesperada

y dulce entre los colmillos ar
dientes de los circuitos telefónicos

aquí desde el tercermundismo
desde
el trasero arcaico de and
alucía
escribo las memorias mágicas de la resistencia de
safiando a los centros programad
os de la cultura

y no se me encoje el ombligo
por pertene
cer a una raza mágica trágica (espiritual) a la que
quieren claudicar con argume
ntos conceptuales fáciles de
desenmascarar

rodeado de habitaciones húmeda
s de agujeros aislados (dentro de una isla)
voy dándole cuerpo a la
s temibles obsesiones esculpida
s con la sangre de tantas batallas perdida
s

Amin Gaver: 13 ecopoemas

declaración de propósitos

este poemario
aparcado en el diván
de los locos maleantes y
presuntos delincuentes del verso
está escrito a base de retazos
sueltos en las alcantarillas de los simposios
a base de poemas olvidados en carpetas
desgastadas por la mala vida
a base de versos vergonzantes y patéticos
descaradamente insultantes y
rayando el burdel de lo catetil
y la genialidad

he aquí
la puerta trasera
por este pasillo se llega
al cuarto de los trastos en desuso

la carga son los años

apuesto
sin reserva
todo mi poso poético
sentimental y excéntrico
comprometido con la utopía
y en constantes devaneos con la duda
a una sola y arriesgada carta

estoy inmerso
en un desmarque generacional
y en una infusión de aire fresco

la carga son los años

EDITORIAL WANCEULEN

esos edificios de pryconsa

cada mañana al levantarme
me sacan la lengua
delante de mis narices
se han empeñado en provocarme
un infarto o una úlcera de estómago
o un telele de hormigón

como churros con café
debía desayunárselos el mar

puñaladas de despachos

fue una pena
que no te suicidaras
a tiempo
pero de cobardes
están los despachos atascados

poeta analizado por su madre

o está loco
o anda aprendiendo brujerías
siempre escondido
por las últimas habitaciones de la casa
soportando el rancio olor
de la torcida del velón
unas veces con un bolígrafo negro
en las manos
como un perfecto demente
o como un idiota sin remedio
la mayoría de las veces
estirado en la cama
en pleno día
y mirando hacia el techo
como si le estuviera pidiendo a dios
que le tocara la lotería

en fin
mi hijo no tiene remedio
quien no convive con las gentes
lo mínimo
lo necesario
termina más solo que la una
sin mujer
ni corbata que ponerse

aunque con esa seriedad de difunto
y esa sonrisa de sabérselo todo
y esa manía de no callarse
por nada
ni ante nadie
sin remedio la corriente le empuja
a escribir presuntos poemas
y a morirse de hambre

la fantasía engaña

has debido
dejar olvidada
la fantasía erótica
en el cuarto de baño
quizás por un despiste
una atracción fatal
o un imprevisto acelerón
del grifo del agua fría
o por qué no
quizás estemos tocando fondo

eres tan estúpida

eres tan estúpida
tan estúpidamente interesante
que tienes la cabeza en las nubes
y los pies en el estado de chiapas

deseo tanto tu culo
como pasearme por los dedos de tus manos o
como chuparte los sobacos
a cuarenta grados a la sombra

la turbulencia de tus ojos
no la cambiaría
ni por un instante poético
con joan brossa
ni por cinco minutos
de ecorrevolución

y eso que tienes los dedos
de los pies muy feos

te pregunto

tu clítoris
es una flauta mágica
o un piano
escacharrado

ponte detrás del quicio

mis amigas que andan en babia
y en dislocados flirteos con urano
se tuestan al sol hasta las tetas
y eso que son poco amigas
de las modas

menudo rebote
van a coger mis amigas
con el dichoso poemita
me van a tirar a la cabeza
con una sesión de terapia de grupo
o con una maceta coeducativa
y como acierten
a darme en la olla
con un fin de semana de ecogestalt
de seguro que me pega
un patinazo el embrague

transferencia de secretos

ayer
la vi pasear
con su perrito de fábula
y me entró risa
de sonado

imaginándome al perrito
expulsando lombrices por el culo
y desperdigándolas por la alfombra
– ella tan delicada
por favor –
con semejante coeficiente
intelectual en la cama

busco compañía

parte meteorológico:
borrasca tormentosa por la vertiente atlántica

anuncio en el periódico:
amin gaver
5 minutos de intensa poética
rayando la cuarentena
estatura media latina
soltería incoada
sobrevive entre retamas
busca novia por 3 días
para compartir el vendaval
de tormenta y relámpago
que se avecina

postdata:
se aconseja
que la supuesta novia
traiga un buen costo
porque los supermercados quedan lejos

mercedes es un sol

mercedes tiene las piernas suaves como el coral
cuando le hago cosquillas en el manillar
se le humedece el piñón

mercedes es mi vida
con ella voy a todas partes
menos a cama – desgraciadamente –
pero que conste: más de una vez
nos hemos duchado juntos
y hemos insultado al conductor
que nos ha encharcado de agua hasta el cuello

cuando mercedes se ausenta
por un simple resfriado
o por un insignificante dolor de cabeza
o por un imprevisto pinchazo
la echo tanto de menos
que le escribo poemas
como a mis amores platónicos

mercedes lo es todo en mi existencia
igual me lleva de paseo
como me insiste
para que no llegue tarde
a una reunión
y hasta cuando llueve
me advierte
que no debo salir de casa

mercedes es un sol
me gustaría vivir con ella eternamente
espero que la columna no me lo impida
o que el ojo izquierdo no termine
con un parche pirata
y me retiren el carnet de ciclista

mercedes te quiero
no abandones a este postperdedor

algunas razones por las que escribo poemas

porque estoy sumido en un desamor tan gordo y soy tan cobardeque antes de pegarme un tiro he decidido probar de cínico y
escribo un poema

porque he decidido ahorrarme una visita al psiquiatra del centro de salud comarcal y
escribo un poema

porque las máquinas asesinas al servicio de pryconsa pretenden desalojarme de mi casa, mis raíces y de mis muertos y la arenaque cubre los huesos de mis muertos es sagrada. Y ante la determinación de realizar una salvajada para aliviar el dolor,
escribo un poema

porque estoy envuelto en no sé cuántos kilómetros de problemas diarios y no llueve ni agua ácida y
escribo un poema

porque una enigmática mujercita gata fea medioindia me rompe las amígdalas cada vez que me mira y
escribo un poema

porque los intelectuales orgánicos maldicen sistemáticamente mis hidrofóbicos versos en el wáter y
escribo un poema

porque mis compañeros y compañeras de EA se están
partiendo el culo persiguiendo a los residuos tóxicos
peligrosos por las carreteras del infierno y
escribo un poema

porque una bandada de abejarucos se ha posado en el
tendedero de la casa de los campesinos cortándome la
respiración y
escribo un poema

porque las botas militares me quedan grandes y me producen
rozaduras en el cerebro y
escribo un poema

porque los lamentos de los ánsares en doñana testifican la
década de las autovías y la sequedad ideológica y
escribo un poema

porque una vez estuve a punto de morirme de asco y las
moscas verdes revoloteaban por mi ombligo y entonces ,
como por arte de magia, salí del atolladero
escribiendo un poema

porque cuando las ratas comienzan a anidar en los bolsillos
de mi abrigo y las garrapatas roen mis tripas las ahuyento
escribiendo un poema

porque soy un payaso-político-escritor con un master de
soltería incoado y con un pretencioso ridículum vitae en alza y
escribo un poema

www.ingramcontent.com/pod-product-compliance
Lightning Source LLC
LaVergne TN
LVHW010659200726
843507LV00011B/1943